PAUTANDO AS SETE

Caderno de música

Iniciação

Contém Elementos de Escrituração Musical

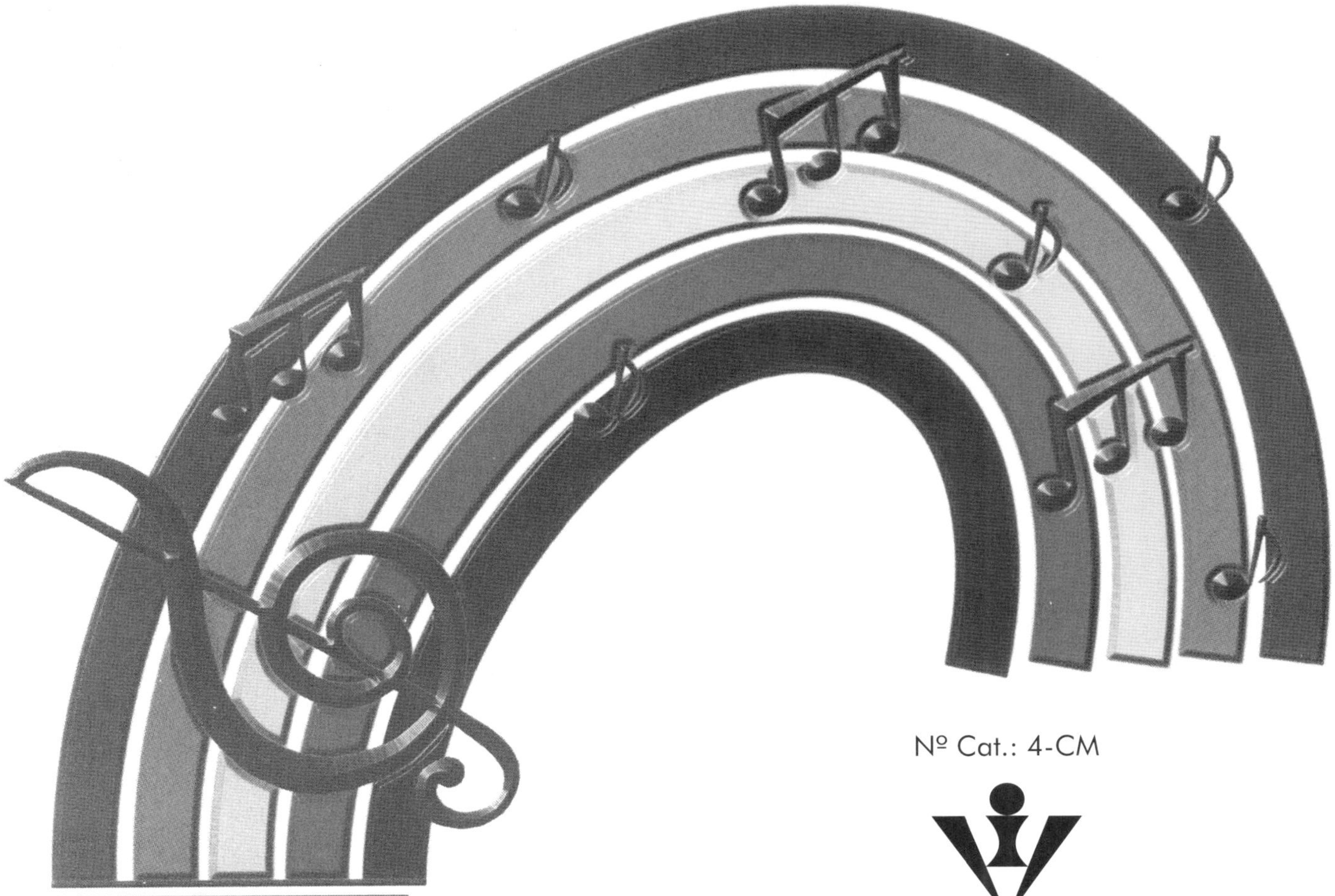

Nº Cat.: 4-CM

Irmãos Vitale Editores Ltda.
vitale.com.br
Rua Raposo Tavares, 85 São Paulo SP
CEP: 04704-110 editora@vitale.com.br Tel.: 11 5081-9499

Dados Internacionais de Catalogação na Publicação (CIP)
(Câmara Brasileira do Livro, SP, Brasil)

Pautando as sete -- : caderno de iniciação. -- São Paulo :
Irmãos Vitale

"Contém elementos da escrituração musical"

1. Música 2. Música - Estudo e ensino

ISBN 85-7407-006-8
ISBN 978-85-7407-006-3

97-5377 **CDD- 780.7**

Indices para catálogo sistemático:

1. **Música : Estudo e ensino 780.7**

ELEMENTOS DE ESCRITURAÇÃO MUSICAL

A MÚSICA é a arte de manifestar os diversos afetos da nossa alma mediante o som.

Divide-se em três partes:MELODIA , HARMONIA E RITMO.

MELODIA é a combinação de sons sucessivos (dados uns após outros).

HARMONIA, a combinação de sons simultâneos (dados de uma só vez:um acorde).

RITMO, a combinação dos valores.

Representa-se a música sobre uma pauta composta de cinco Linhas e quatro Espaços: estas Linhas e Espaços da pauta chamam - se Naturais e contam-se da parte inferior para a parte superior.

Linhas e Espaços Naturais

Pauta

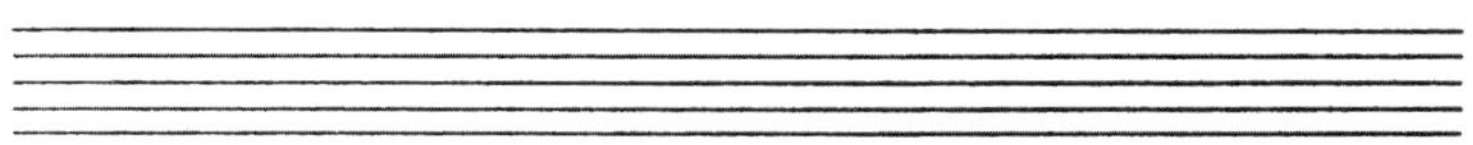

Sobre estas Linhas e Espaços se assentam as Notas.

Linhas e Espaços Suplementares Superiores e Inferiores

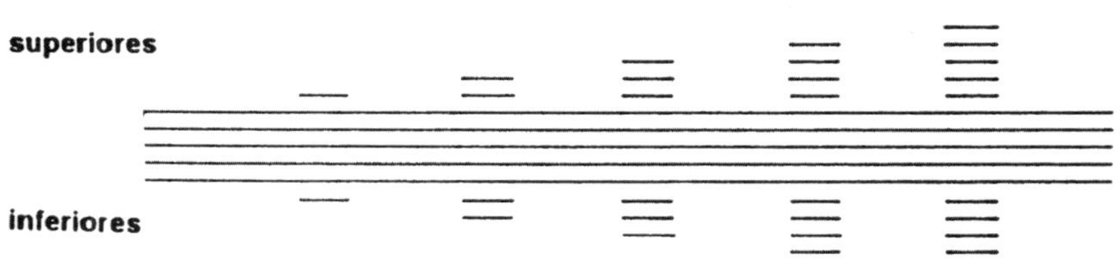

Adicionam- se acidentalmente a esta pauta pequenas linhas e espaços, superior e inferior, e que se contam partindo da pauta.

CLAVES

As Claves são sete, representadas por três figuras:de DÓ 𝄡 , de SOL 𝄞 , de FÁ 𝄢 ,as mais usadas,porém,são as duas últimas.

Cada clave dá o seu nome à nota que se assina sobre a mesma linha, e conseqüentemente, determina os nomes de todas as notas que se assentam sobre as outras linhas e espaços.

EXEMPLOS:

Clave de SOL.

Clave de DÓ.

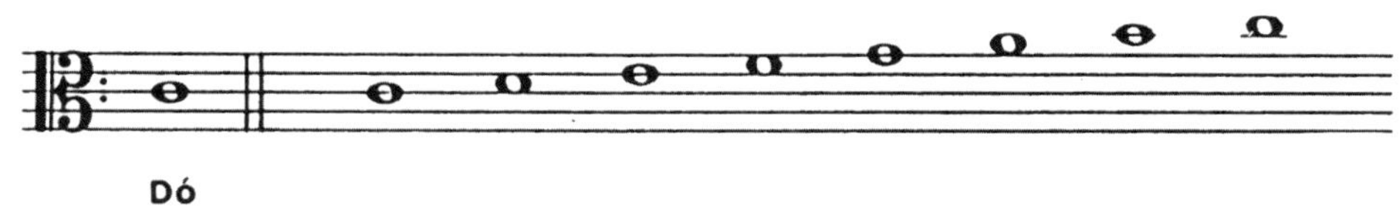

Clave de FÁ.

DURAÇÕES

As durações dos sons(Notas) são representadas pelas seguintes figuras:

Semibreve
Mínima
Semínima
Colcheia
Semicolcheia
Fusa
Semifusa

Para cada figura que representa um som(Nota), existe uma que representa um silêncio(Pausa).

Notas Pausas

Sinais de Alteração:

Sustenido ♯ , altera ascendentemente a nota em 1 semitom.
Bemol ♭ , altera descendentemente a nota em 1 semitom.
Bequadro ♮ ,cancela tanto o sustenido quanto o bemol.

CIFRAS (NOÇÕES)

A	B	C	D	E	F	G
lá	si	dó	ré	mi	fá	sol

As Cifras são usadas para representar os acordes, para facilitar a leitura e agilizar a execução das harmonias em instrumentos como violão, piano e teclado.

Regras Básicas:

-A letra maiúscula sozinha representa um acorde perfeito maior.Ex: A (lá maior),C (dó maior),etc...

-A letra maiúscula acompanhada do "m" minúsculo representa um acorde perfeito menor. Ex:Bm (si menor), Gm (sol menor),etc...

-A letra acompanhada por um número representa o acorde perfeito maior ou menor acrescido de mais um som que é justamente o intervalo entre a "tônica" do acorde e este determinado som. Ex: Fm7 (fá menor com sétima), D7/9 (ré maior com sétima e nona), etc...

-A letra acompanhada de acidentes (sustenido ou bemol) , segue a mesma regra das notas musicais.Ex:F#(fá sustenido maior), Cb7/9 (dó bemol com sétima e nona),etc...

-A letra acompanhada pelo termo "dim" ou pelo simbolo " ° " , representa um acorde diminuto.Ex: G#dim (sol sustenido diminuto), Ab° (lá bemol diminuto),etc...

Exemplo de como as Cifras são Utilizadas: